Finansiële onderwys vir die gesin

Finansiële onderwys vir die gesin

Jose Armando Herrera

Alle regte voorbehou. Geen deel van hierdie boek mag sonder toestemming gereproduseer, geskandeer of versprei word in gedrukte of elektroniese vorm nie. Moet asseblief nie aan piraterij van kopieregmateriaal deelneem of aanmoedig nie, want dit is 'n oortreding daarvan. Koop slegs gemagtigde uitgawes. Die meeste boeke van Jose Armando Herrera / JAHT is beskikbaar in onbeperkte hoeveelhede, promosieverkope, fondsinsamelingsgeleenthede en opvoedkundige kwessies wat met finansiële onderwys wêreldwyd verband hou. U kan ook spesiale uitgawes of fragmente vir spesifieke behoeftes skep. Vir meer inligting. Skryf ons aan advicedecrecimiento1@gmail.com

GESIN FINANSIËLE ONDERWYS

INHOUD

1. Wat is finansiële opvoeding.
2. Weet wat Financial Freedom
3. Finansiële-Gesinsbeplanning
4. Wat is geld.
5. geldbestuur
6. Geld bring geluk.
7. Wat is die besparing
8. Wat is beleggings
9. Wat is 'n bankstaat
10. Wat dit is 'n spaarrekening en huidige.
11. Wat is die deposito's.
12. Wat is die aandelemark
13. Wat hulle passiewe inkomste.
14. Wat dit verdien inkomste.
15. Wat is 'n belegger.
16. Hoe om skuld te betaal.
17. Hoe om geld te belê
18. Hoe kan ek 'n goeie krediet geskiedenis te skep.
19. In ag te neem wanneer jy aansoek doen vir 'n huislening.

GESIN FINANSIËLE ONDERWYS

20. Wat is 'n finansiële staat.

21. Wat is die koste.

22. Wat hulle inkomste.

23. Wat hulle aktief is.

24. Wat moet ek doen my eerste huis voor jy koop.

25. Tot watter mate is dit 'n aansienlike skuld.

26. Wanneer dit bevorderlik is vir begin spaar.

27. Goeie skuld en slegte skuld is die verskil

28. Kredietkaarte en lenings verbruiker.

proloog:

Hoe ons aanvanklike, sekondêre en hoër bevat tekortkominge onderwys aan studente op verskillende maniere te skep en te bestuur geld in te lig, het ons, ons wou 'n bietjie kennis te neem in die lewe van elkeen van julle na nie inisieer of sterf sonder om te weet wat 'n bietjie oor wat ons bekommer soveel in ons lewens, geld.

Ons het so baie oor geld het gesê dat soms selfs twyfel of ons kry baie miljoene vrees dat dink ons het verander, want ons het geld. Nie so, mense wat afsydig staan teenoor die probleme van ander, sal dit wees met geld of die gebrek daaraan. Wat sonder dit ander help, neem baie sal die beste werk gedurende sy leeftyd.

Hierdie boekie sal jy 'n bietjie van elk van die belangrikste aspekte vertel wanneer USTE besluite te neem wat te doen het met geld. Die wêreld waarin ons leef kan nie leef sonder hierdie kosbare hulpbron, bevorderlik is vir die minste wat ons kan doen is leer hoe dit werk en die voordele en beperkings het ons wanneer ons groot hoeveelhede of 'n groot tekort.

'n bietjie van jou persoonlike finansies, sit jy in 'n plek baie beter as dié van die gemiddelde mense om te weet, dit help jou om besluite te neem meer intelligent en neem minder risiko's as ander.

Die waarheid is dat die geld bring twee probleme, een wanneer jy nie 'n pennie en jy geld nodig het vir die daaglikse lewe, die ander is wanneer jy 'n klomp geld in besit te neem, en jy het om esmerarte en dink moeilik om te weet hoe, waar en wanneer jy gaan om te belê of te skenk indien nodig.

Ten slotte, sal geld altyd sinoniem te dink om te weet en neem beter besluite moontlik wanneer jy 'n wen wen met iemand wat jy sake doen bereik.

Van baie klein tot my ek was nog altyd geïnteresseerd my die getalle, hoeveelhede en statistiek met betrekking tot getalle en persentasies wat Algon algemene of onbekende definieer. So ek bestudeer Rekeningkunde en Finansies in die kollege, want ek altyd geweet het dat die taal van besigheid en dít is die getalle wat jy nader aan geld makliker. Ek beskou myself as 'n gedissiplineerde persoon meer intelligent, dissipline uiteindelik oorwin talent en intelligensie saam. Yokoi Kenyi, Speaker Colombiano / Japanese, baie goeie inderdaad, ek moedig u aan om die inhoud daarvan te sien of te woon hul werkswinkels.

As jy van plan is om ryk te word is dit baie onwaarskynlik te kry as die taal van geld nie sy afgeleide bemeester en dus al. Of jy nou 'n entrepreneur of net 'n smous gereelde, moet in elk geval om te weet oor geld, verkope, bemarking, sake, belegging, Real Estate, aandelemark, inkomste, foelie houer, passiewe inkomste en ontelbare konsepte wat verenig om die meesterbreine in die wêreld te skep in die miljoene. Niemand het 'n ryk sonder lees, niemand raak, so die kennis met verloop van tyd is meer belangrik as die bedrag van die geld wat bestaan op die planeet.

GESIN FINANSIËLE ONDERWYS

Finansiële onderwys

Finansiële Onderwys

finansiële onderwysDit is die vermoë om te verstaan en die kennis van alles wat verband hou met geld en finansies toe te pas. Dit is 'n wêreld waar mense hul rol as goeie rentmeesters, gebaseer op die parameters van die besigheid en geld te vervul. Dit is alles wat verband hou met jou persoonlike finansies, administratiewe en familie in jou sosiale sirkel weet.

Finansiële opvoeding is nie geleer in skole, self geleer wanneer jy verstaan dat die wêreld die manier waarop ons wil hê dit moet wees nie gedoen word nie, maar dit moet dit vorm tot jou voordeel om die drome wat jy het as 'n kind te bereik en nog volwasse nou.

Finansies is 'n noodsaaklike deel van mense se lewens, of jy is 'n kenner in die wat is heeltemal onkundig as ek was op 'n punt, ons het almal dieselfde begeerte om te weet, maar nie al die moeite om te leer sit. Basies julle wat besluit om te leer en te vergeet alles wat jy geleer het oor die jare bestudeer.

GESIN FINANSIËLE ONDERWYS

Finansiële Vryheid

- **Wat is finansiële vryheid?**

Finansiële vryheid is dit waarmee ons almal droom, vryheid van 'n werk, 'n salaris, 'n helfte van 'n lening wat nie kan bekostig nie, is die gewenste wêreldwyd vryheid. Nie hoef te werk om te lewe. Dit is soos wanneer jy op vakansie in 'n all inclusive, en die rekeninge betaal, jou vars bed, jou ontbyt vars bedien, kinders het iemand in die swembad om te sorg vir hulle en jy kan ontspan onder 'n klapper boom sunbathing met glas van jou gunsteling drank. Wat rustigheid jy voel in dié plekke is goed, maar alles het sy einde, jy weet jy het om terug te gaan na jou gehaat werk, om entaponamientos neem op die strate van die stad en deal met die probleme in jou enntono waar jy woon, geen lig, water skade, die internet is stadig, kinders het geen melk en jy gaan na die supermark, ens, ens Finansiële vryheid is alles wat ek vir julle gesê die begin met die verskil dat jy nie het om terug te gaan na jou werk, of die chaos van die verkeer na jou werk, indien nie is die gemak van jou lewe in volle swang, as die pogings wat jy gemaak het in 'n rukkie en jy het op voorwaarde troos wat altyd wou habias.

Dit is die finansiële vryheid om al jou rekeninge te betaal sonder om te werk aan iets wat jy haat of nie hou nie. Laat ons duidelik wees, is nie wat gaan werk, want baie miljoenêrs voortgaan om te werk elke dag, want vir hulle is daar geen beter dag te doen wat hulle is lief vir doen, met die eenvoudige verskil dat dit 'n stokperdjie te maak, nie omdat hulle nodig het om te doen .

GESIN FINANSIËLE ONDERWYS

Gesinsbeplanning

- **Gesinsbeplanning. Finansier.**

Besparing is 'n redelik Incognico kwessie in baie gesinne as paartjies wedersyds die geld wat elke genereer, dit nie hoef te verduidelik wanneer 'n paar buitengewone uitgawes buite die huis gebeur verberg. Hierdie gesin se geldsake sal nie 'n gemeenskaplike doel van die begin af as daar geen dice op die tafel geplaas word en 'n plan uitgevoer word volgens die prioriteit van elke behoefte en doel van die huwelik.

Met die oog op rasionele gebruik van hulpbronne te maak en dat hulle binne die huis te lewer die beste moontlike, is dit belangrik dat almal op die tafel sit die geld wat hy verdien in die maand, twee weke of week, en dan van die begroting besteding, spaar en beleggings indien nodig.

Jy moet presies weet wanneer jy gaan en hoeveel is bestee om te leer wat doelwitte te bereik en teen watter tyd. Die besparings sal altyd afhang van die bedrag van inkomste, sodat ons duidelik moet wees as ons 'n maandelikse. Die meeste gesinne elk (wanneer al die werk, ouers en kinders), 'n gedeelte van hul salaris bydra tot die huishoudelike uitgawes, maar nie almal nie, is ingesluit in die belangrikste deel, spaar amper altyd die vader of moeder toegeken word nie% van hul salaris te versamel in 'n rekening vir 'n spesifieke doel wat dikwels is nie al nie. Dit is goed om te beklemtoon dat 'n verenig in doel spaargeld in 'n baie kort tyd wat jy sal goeie resultate kry as hulle familie almal saamstem dat is wat hulle wil hê.

Die skep van besparings fondse vir elke doel voor oë:

Ons sal 'n lys van die verskillende doeleindes waarvoor mense te red vir hul lewens, of ten minste die mees algemene onder gemiddelde mense.

1- Vir die oudag

2- noodfonds

3- Koop First Home

4- voertuig verandering

5- Universiteit van die kinders

6- Reis & Vacations

7- beleggings

8- Bereik Financial Freedom

9- A behandel ...

Dit sal egter die belangrikheid van elk van hierdie besparings doelwitte wat mense soek tydens hul werk lewe nie dieselfde vir elke persoon. Elke kop is 'n wêreld sê my volk, wat vir jou belangrik is, vir ander miskien nie so veel nie.

Vir die werk van die lewe van 'n persoon of familie, spaar vir aftrede of ouderdom as jy wil om dit te noem, dit is baie belangrik om my manier van dink; selfs wanneer ons jonk is en baie sterk is ons nie dink in die ouetehuis laat staan nie, behalwe geld vir sodanige doeleindes. Baie mense wat geen kennis van finansies en finansiële onderwys, glo byna honderd persent in uittrede uit sy werk, laat jou lewe 'n ander plan waaraan nee, dit maak seer selfs die geringste ding wat jy kan gebeur die toekoms. As daar iets is wat ek het duidelik is dat ons ons aftrede nie moet vertrou om enige maatskappy, organisasie of regering, hulle is vlugtige dinge kan van die een dag na 'n ander en jy bly op die straat as Rialengo hond. Daarom moet ons dit beplan met entoesiasme en karakter.

GESIN FINANSIËLE ONDERWYS

As daar is iets wat ons moet fokus ons aandag is ons oudag, omdat julle weet dat niks en niemand sal ons omgee en dat ons onsself net, óf as 'n paartjie of as 'n enkele persoon, wat spaarplan prioriteit 1, of bereik moet word finansiële vryheid is reeds 'n geval dat alle ander spaargeld doelwitte wat ons kan dink dek.

Ons moet dink en werk na die bereiking van finansiële vryheid, maar voor dit kom moet ons ons paaie te berei sodat niks neem ons verras. Mense sal sê dat die salaris is nie genoeg om te spaar vir 'n doel, wat nog te sê soveel saam. Dit is duidelik dat die werklikheid is soos, maar ek is nie wat jy vertel spaar vir alle doelwitte gelyktydig nie, maar eerder dat jy verifieer wat die hoogste prioriteit en sit jouself aan daardie en dan voort met ander. Om al ontmoet of die meeste het nie veel tyd het, dus is dit beter om 'n bietjie in elke stel.

Maar om dit te doen moeilik vir 'n persoon wat net 'n salaris absolute minimum sou wees, maar baie mense het verskeie bronne van inkomste en is nie om ryk te word, indien dit nie 'n paar finansiële intelligensie besit en besef dat diversifikasie is wat jy die rykdom bereik. Byvoorbeeld in my vroeë dae was 'n werknemer van 9 uur per dag, as 'n rekenmeester in 'n maatskappy, het 'n klein persoonlike lening besigheid, was 'n lid van twee vriende in hul klein besighede, 'n verkoop voorrade en dwelms en die ander was verkope van Stationeries en kantoor verskaf, ook het hy as 'n taxi in die nag na die verlaat van die kantoor en naweke, werk van die huis af igualas voorste rekeningkundige en het ook tyd om te skryf in my blog en my boeke te skryf. Ek sê nie dat jy al hierdie dinge op dieselfde tyd, miskien my ambisie is nie joune nie. Wat gebeur as ek jou vertel dat as ons 'n manier om ekstra inkomste te genereer, terwyl die werk werknemer kan vind. Alles nie die hele lewe te gebruik.

Ons weet dat al die doelwitte wat voorheen beskryf is belangrik, maar sommige is meer prioriteit as ander, byvoorbeeld, vir 'n gesin met jong of nie so jong kinders, spaar vir die kollege onderrig van hulle dit is iets wat gedoen moet word sonder versuim .

Ons het almal die terreur wat dink oor die kollege vir ons kinders te leer ken en het niks gered. Kom ons gee jou 'n paar wenke vir jou om nie mal te gaan en jy kan jou kinders te begelei op die pad van kennis, of dit nou in die kollege of nie.

- ✓ Op soek na ekstra werk (daar is altyd iets anders om te doen behalwe jou gereelde werk) wat geld en deponeer dit in 'n rekening wat sal oopmaak net vir daardie doel. Begin vroeg voor jou kinders betree skool. Dit hang af van hoeveel jy kan spaar vir wanneer dit day're gereed kom.
- ✓ Jou toegeken maandelikse salaris met 10% en maak die geprogrammeer spaar sonder toegang tot dit raak nie, tensy iets is

nie lewensgevaarlik en jy hoef nie enigiets meer te draai, anders sal jy jouself in 'n ongemaklike situasie.

- ✓ Skep met jou kinders 'n klein besigheid in jou eie huis of aan die voorkant van hierdie, óf verkoop kruideniersware, verkoop klere en skoene, bybehore huis, ens, maak hulle belangstel in sake te doen vir hulself en vir hulle sê dit is vir 'n baie spesiale doel dat hulle geld spaar.

- ✓ Maak 'n tegniese kursus aanbod dienste van huis tot huis, byvoorbeeld, vas wasmasjiene, yskaste, televisies, elektrisiteit, plemeria, tuinmaak, swembad skoonmaak, ens Die belangrikste ding is dat jy ekstra geld in jou vrye tyd te genereer, sodat jy jou kinders kan gee wat die beste vir hulle, of kollege, tegniese kursusse, sport of net wil entrepreneurs wees, en met die geld wat jy gespaar het kan gee 'n groot hupstoot in sy begin word wat dikwels iemand op die pad na sukses te kry nodig het.

Alhoewel dit nie alles in die lewe is 'n titel, algemene kennis is belangrik vir die lewe en desembolvimiento. Vir baie mense kom en nie gradueer, maar in die proses sy brein genereer idees wat veel meer winsgewende as om die titel en kyk vir 'n werk in 'n ander maatskappy kan wees. Dit is die geval van die uitvoerende hoof van Facebook, Intagram en Whatsapp, Marc Zuckerberg, het dit nie gradueer, want hulle het besluit om meer tyd aan hul sake-idees om die studies, en gaan as hy dit kry, dit is een van die 10 mans ryker as die wêreld. Wat beïndruk hom is sy sencilles ondanks die feit dat baie geld.

vakansies Hulle is belangrik, maar nie die lewe of die dood, sodat hulle kan wag, as jy doen hierdie, wat ek gedoen het, te wees so akkuraat of skerp is 'n noodsaaklike deel van die doelwitte van 'n vreedsame lewe sonder veel skuld en met 'n goeie geld te bereik die bank.

Jy skep 'n noodfonds is 'n goeie idee, soms die probleme wat ons is met leë hande en vol kaarte, dit kan nie gebeur al die tyd en maak ons spandeer so sleg nie. So is dit goed om 'n paar van ons salaris agtermekaar te red en 'n kussing waar ons kan rus wanneer ek 'n betaling wat nie voorsien in daardie maand kry.

voertuig verandering Dit is nie belangrik of nodig, tensy jy nie kan jy op enige plek voer, indien dit te doen nie, maar dit nie oordoen in die prys van die nuwe, aangesien elk geval een wat nie nuwe of duur kan jy enige plek beweeg plaas wat jy wil.

A behandel, Spaar is vir jou om ontslae van hulle na willekeur maar gebruik 'n bietjie finansiële rede en begrip. A behandel kan iets eenvoudig wees, soos die aankoop van klere of skoene wat 'n portefeulje (in die geval van vroue), dit beteken nie dat jy gaan alles wat jy gespaar het spandeer vir julle dat plesier gee. Jy kan dit doen met selfbeheersing en goeie sin.

Koop eerste huisDit spaar self is uiters belangrik wanneer jy in 'n situasie van die betaling van huur, kan jy baie belangrik vir jou, maar vir ander wat meer finansiële moontlikhede te hê is nie baie relevant. Dit is die geval van 'n vriend wat geen huis, maar lewens in een van haar ma wat buite die land woon, want dit is nie belangrik om 'n huis te koop het, want sy lewe is goed vir nou en nie die koste of huur of huislening.

Maar as jy van gemiddelde mense wat die meeste van die lewe of baie, die betaling van huur en geld te spandeer op die beweging te bring, dan koop jou eerste huis is jou ding, of ten minste red gretig om die aanvanklike van die het haakplek. Hoewel dit later sal hulle die voor- en nadele van die koop van 'n huis of huur te bespreek, is dit een van die belangrike punte aan te raak wanneer 'n huishoudelike begroting en sien alles wat ons wil spaar bereik.

Niks word bereik sonder offers, hoe makliker lewe en trbajar om te spandeer op dit wat ons wil hê. Die moeilike deel is verbode om uit te gaan, te koop en te betaal vir 'n naweek. Die meeste van ons het nie geleer goed te werk, winkel en spandeer wat ons het, maar nie so nie, behalwe, belê, en die skep van 'n besigheid. En inderdaad dit is die dinge wat kan lei tot persoonlike groei, professionele en finansiële. Gegewe die omstandighede waarin ons lewe in 'n gewapende plot deur 'n groot besigheid, regering en onderwys, is dit raadsaam om vee te verlaat en bewerk hul eie paaie op ons eie terme, waar ons nie 'n werk om te lewe het, self onderwys en leef nie wag vir die regering ons maatskaplike en ekonomiese probleme op te los, soos in die arm lande en die derde wêreld.

GELD

- **Dit is geld.**

Ruilmiddel is die mees wyd wêreldwyd gebruik word, van sy uitvindings in die Bronstydperk. Geld huisves ons lewe in alle moontlike maniere. Mensdom sal nie gewoond te raak aan die lewe sonder dat kosbare voorwerp van begeerte van die meeste mense in die wêreld. Nie soseer vir sy markwaarde, maar eerder so maklik om te gebruik in elke aksie wat ons daagliks te neem en die gemak waarmee bring al die geriewe om ons voete.

GESIN FINANSIËLE ONDERWYS

Geld is die dryfkrag wat beweeg die wêreld waarin ons leef, beide fisiese, elektroniese, tjeks en ander betaling wyse. As 'n ruilmiddel is die meeste geneig om vandag en die elektroniese geld het sedert die bate te koop in Egipte byvoorbeeld en betaal dit uit hier, Punta Kana, Dominikaanse Republiek. Ons kan die honger na iemand wat duisende myle van ons met die eenvoudige stap van druk van 'n techa ons rekenaar of slimfoon neem. Te danke aan hom het ons baie dinge wat verband hou met die finansiële lewens van mense, soos om te leer hoe om te spaar, belê, maak dit groei, vermeerder en genereer belang dat in die vorm van tjeks aan ons deur kom om ons geleer het.

Baie keer het ons besef nie die belangrikheid van geld in die alledaagse lewe. Ons het reeds opgeneem as 'n noodsaaklike deel van ons lewens en as ons dink dit is soos om 'n non herhalende transaksie maak binne ons persoonlike finansies.

Meer inligting oor die geld op 'n vroeë ouderdom gee ons die voordeel dat dit ver bo 95% van mense wêreldwyd. Wanneer ander is oorweldig deur die spanning van hoe om meer geld te kry, iemand met 'n bietjie finansiële onderwys, lei 'n leefstyl rustiger en stil, want in plaas van drop jy terug na die geld, het die werk van geld vir hom en dat hy loop terug na die vrugte van hierdie maneuvers so perfek ontleed en geskep haal.

Geld kom by diegene wat iets wat hulle soos mense doen, satisfecen 'n behoefte of leer iets positiefs, so die geld vandaan kom as sinoniem met wat daardie persoon is offer, alles het sy oorsaak en gevolg, dit wil sê die effek van doen iets goeds, die dankbaarheid van die mense en die betaling vir baie dienste.

Geldbestuur

- geldbestuur

Hoewel die eerste oogopslag lyk dit maklik om te hanteer, nie soos gesien, is geld wat betrokke is in baie aspekte van die gebruik daarvan, is dit moeilik om te verdien, maklik om te spandeer, baie moeiliker is om te weet belê en vermenigvuldig. Die beste manier om te weet hoe om te bestuur geld verlaat die gebou tot 'n sekere bedrag om te dink aan iets aansienlike en kan later wins. Alhoewel jy kan ook gaan reinvesting elke maand, afhangende van jou spaargeld.

GESIN FINANSIËLE ONDERWYS

Luister Geld, geld het groot ore soos 'n groot olifant-Afrikaanse manlike. Luister na al jou begeertes, aksies en gedagtes wat positief is teenoor Hom, dan sal hy met jou bly totdat 'n miljoen keer vermenigvuldig. Maar as geld om jou klagtes, jou gedagtes van negatiwiteit, slegte geluk en slegte teken, luister glo my, sal hy nie naby jou, wanneer jy 'n ingesteldheid soos dié, al wat jy kan doen met dit is om in die moeilikheid wat nie gedoen jy het. Voordat jy hierdie finansiële ineenstorting is beter om te leer hoe om dit te doen en ons voortgaan om te groei terwyl die vergadering al die basiese behoeftes en iets anders is dit wat ons werk vir.

Geld is 'n middel tot 'n einde, dit is 'n manier om iewers te kry. Dit is soos wanneer jy 'n motor te koop, kan jy nie sit gevoelens van liefde wat goed wat net gekoop, natuurlik, as jy geld het jy dat as liefde hom, want daar is baie spaar en nie nodig het om te verkoop dit aan 'n ander te koop in maar as jy arm is en jy het 'n moet self dink dit is net 'n instrument van verandering wat jy nou in besit te neem nie, maar jy kan verkoop te eniger tyd en miskien kry 'n goeie deal, dit is hoe die rykes ryk, gee nie om oor die huis, motor of besigheid is 'n erfenis of geskenk, as jy geld kan maak met dit, verkoop, verhuur of geld gemaak word, alles in orde is vir dié doel. Beer in jou gedagte dat geld of materiële goedere wat jy besit is om hulle te laat produseer en dat hulle geld maak vir jou.

GESIN FINANSIËLE ONDERWYS

Wat om nie te doen met geld is spandeer dit alles en van voor af begin, so dit is dat die arme uit armoede, as hulle nooit in die gewoonte van masse wat gewees is die fondament van die lewe van die Millionaire Mind . As vandag besit 100 dollars en koop 'n paar skoene met hulle, nou armer jy is, die skoene omdat jy gekoop is nie die moeite werd $ 100, dan is jy hoef nie $ 100 en in plaas daarvan het skoene wat reeds gebruik, sodat niemand julle sou koop of vir $ 25. Maar as jy $ 100 en jy dit neem om die bank, sê die hipotetiese geval dat finansiële sertifikate oop termyn daardie bedrag te aanvaar. Wat om te versamel spaargeld en $ 1,000 om te belê in die aankoop van toerusting goeie gehalte koptelefoon om te verkoop in jou skool, aangesien die meeste jong mense gebruik hulle en sal 'n uitstekende deal wees. Dan het jy jou geld verseker nie spandeer dit, is nie so swak soos wanneer jy loop uit of een net omdat jy wou 'n nuwe skoen, wat nie eintlik nodig is te kry.

Geld soos vir hom wees waar hy gaan gepaard met ander, dit wil sê, die geld bly in die plek waar hulle bymekaar en maak dit vermenigvuldig, maar wanneer die persoon wat dit besit, maak jy jeuk hande, want dit is wat gebeur met baie mense wanneer hy 'n bietjie geld kom, het hulle nie dink oor enigiets anders as dit spandeer voorwerpe van klere, drank, kos, ens óf Sonder om te besef dat elke dag is armer, selfs al het hulle geld kry elke dag te bereik, doen dieselfde elke dag van hul lewens, tot die

GESIN FINANSIËLE ONDERWYS

einde toe nie iets van waarde, iets wat te doen het met rykdom of opeenhoping van materiële goedere ter waarde nie.

'N Ryk minded persoon ooit die laaste ding wat bestee, dit is bekend vir seker dat dit is moeiliker om te begin van nuuts af as om 'n vastrapplek iewers. Inteendeel die arm en swak verstand altyd spandeer wat jy het om weer te begin, en die lewe maand na maand verby en nog steeds wonder hoekom arm bly. Daar is so logies prosesse van lewe meer anders as jy altyd dieselfde resultaat.

Geld bring geluk

- Geld bring geluk.

Geld bring geluk, nie in alle gevalle nie, maar meestal. Ons kan ons nie blind maak vir wat almal dink hulle weet en verstaan oor geld, is dit 'n noodsaaklike euwel, wat geld is sleg, wat geld beurte mense in slegte mense, ens ens, alles wat kak hulle het ons geleer van kinders in kerke, skole en ander, was iets wat Christene uitgevind vir gemeentelede om meer geld te skenk aan die kerk en sodat hulle kan ryk vinniger wees; indien die persoon het geen liefde vir geld was dit makliker om ontslae te raak van dit, en nog baie meer gerieflik om aan hom gegee word om prakerk "werk van God" te kry, soos hulle sê, vandaar die slegte oortuigings oor geld maak dat mense het geen ambisie of begeerte om ryk en miljoenêrs wees. Almal sonder uitsondering werk vir geld of troos dat dit gee ons, dit is dieselfde. Vir meer winsgewende wat jou instelling het geld nodig om krag te oorleef, of dit is deur middel van skenkings, verkope van goedere of dienste of kapitaal bygedra deur beleggers. Geld is wat die wêreld, verhoudings, krag en ambisie soms buitensporige vir sommige mense beweeg. Dit is nie verkeerd ambisieuse te wees, maar nie tot op die punt dat verwaarlosing alles wat belangrik is vir die begeerte vir geld ten alle koste. krag en ambisie soms buitensporige vir sommige mense. Dit is nie verkeerd ambisieuse te wees, maar nie tot op die punt dat verwaarlosing alles wat belangrik is vir die begeerte vir geld ten alle koste. krag en ambisie soms buitensporige vir sommige mense. Dit is nie verkeerd ambisieuse te wees, maar nie tot op die punt dat verwaarlosing alles wat belangrik is vir die begeerte vir geld ten alle koste.

Geluk is nie afhanklik van een honderd persent van baie dinge, maar dit is onmiskenbaar dat rykdom en geld te maak in mense se lewens maklik en gemaklik, dan vanaf hierdie oogpunt, geluk is meer volledige wanneer die persoon finansiële probleme wat veroorsaak stres en ongemak het dus meer tyd om te fokus op jouself, jou gesin, spiritualiteit, gee, help,

GESIN FINANSIËLE ONDERWYS

aanbod, reis en rus meer dikwels. So 'n persoon wat presies die teenoorgestelde van wat ons hierbo beskryf het 'n beter kans om van die lewe 'n miserabele lewe kan hê, maar daar is baie gevalle mense wat niks het nie, is hulle geneig om gelukkiger as ander met groot weelde wees, beteken dit nie baie gebeur gevolg.

Wat verwar mense is dat hulle glo dat geluk is afhanklik van iets wat nie het nie, of basies enigiets wat ontbreek, beteken dit nie afhang van byna enigiets behalwe om te lewe en in staat om asem te haal, dan is alles anders sal vul wat is die lewe.

Spaar

- Spaar is:

Besparing is nie meer as geblikte maand na maand na jou verpligtinge betalings daaglikse lewe nadat vervul.

Is, wanneer jy red iets óf op jou matras, in jou spaarvarkie of die bank, is wat ons noem spaar. Wat jy bereid is om te spandeer om dit nie koester vir iets meer belangrik.

GESIN FINANSIËLE ONDERWYS

Besparing is die basis van alle rykdom, kan niemand rykdom versamel as hy nie eers begin om 'n deel van dit wat jy kom hou. Jy kan nie sorg vir miljoene as jy nie kan sorg van jou pennies. Wat beskik oor 'n groot vaardighede te bestuur en te los min geld dit dat dit hy is bereid om 'n klomp geld en verkwis dit op onnodige dinge te bestuur. Diegene wat of het in hul lewens opgeneem die gewoontes van besparing is die mense wat groot rykdom kan skep, want vir hulle om geld te hê is nie sinoniem met geld te bestee nie, maar eerder om dit te laat groei elke dag en dit word slegs bereik wanneer jy dit nie doen nie tevergeefs verbruik word.

As die werk is belangrik, sodat hy spaar vir sy lewe, een gee satistaccion basiese behoeftes en die ander gee volle versekering om te weet dat hy 'n kampioen in sy mou vir wanneer jy mis dit wat vandag so nodig, werk.

Niemand het ryk geword, nie sal sonder om 'n goeie saver, natuurlik ... tensy die lotery verwyder of 'n familie sterf en erf al sy besittings. Groot maatskappye wat ons vandag ken, was die gevolg van die slagoffers van hul eie wil en begeerte iets meer as om net 'n werk, begin hulle spaar om genoeg kapitaal het om hul werk en onafhanklikheid laat om hul eie maatskappy binnekort skep min kan dit 'n ryk geword. So groot drome begin met 'n klein stappe en draai dit dan in reuse spronge en geglobaliseerde.

GESIN FINANSIËLE ONDERWYS

Beleggings

- **beleggings is**

'N belegging is nie meer as die geld wat jy neem uit jou spaargeld of jou inkomste en sit dit om meer geld te genereer of jy 'n produk of diens gekoop het en jy genereer 'n paar keer terug.

Verskil tussen om te spaar en belegging

Aan die een kant, bel ons die redding van die geld wat ons hou aan doen weg daarmee op die toekoms. Ons verwerp spandeer in hierdie, om dit in

GESIN FINANSIËLE ONDERWYS

'n veilige plek sonder risiko, maar gewoonlik genereer belangstelling. Ons spaar wanneer ons ons kontant te hou wanneer ons hou dit in 'n bankrekening of wanneer ons hou 'ndeposito, Byvoorbeeld.

Aan die ander kant, bel ons belegging ons gee wat geld om te spandeer op hierdie sodat in die toekoms voorsien ons met ekstra geld. Medebelegging met die aankoop van 'n goeie offinansiële bateIn die hoop om 'n wins te maak. Dit gee ons ekstra wins wat belegging oor besparings is omdat die belegging is ons waag ons geld, en dus vergoeding ontvang. Ons kan ons geld te belê in 'n magdom van dinge, van iets as wesenlik onderwys aanfinansiële batessoosaksiesdieeffekteofbeleggingsfondse.

Bankstatus

- **Waarvoor dit 'n bankstaat**

Daar is 'n hele paar stellings, kredietkaarte kontrole-rekeninge, spaarrekeninge, ens

Staat bank betaalrekening.

Wat interesseer ons mees is om ons kredietkaart sien om te sien of in werklikheid wat ons hef wat in werklikheid bestee. Ook op die lopende rekening van ons staat se, wat is niks meer as die bewegings van die kontrole rekening waar gedeponeer en betaal aan verskaffers en dat beweging in en uit geld wat ek pas dit met wat ek in my boek om die ooreenkomste en verskille sien maand na maand. Dalk is dit die bankkoste vir my 'n tjek twee keer of wat 'n deposito is nie geakkrediteer deur die presiese bedrag, kan ek gaan en maak aanpassings deur 'n klagte by die bank om te sorg vir my geld, ook in die staat ons sien as die bankkoste ons deur elke transaksie ek maak en hoeveel ek aangekla vir die hantering van my eie en ander.

Staat bank kredietkaart.

Dit is 'n toestand met besonderhede van verbruik gemaak met my kredietkaart oor die afgelope 30 kalender dae. Dit wil sê, is die verhouding van die gemaak met my kredietkaart betalings, daar kan ons sien waar ons koop, waar ons betaal, die pay as plekke gegaan en het my kaart. Op verskeie geleenthede, mense wat geen finansiële opvoeding het soms nie onthou waar hulle hul kaart bestee, miskien omdat hulle uit drankies of omdat 'n familie, vrou, seun, ens Hy was die een wat die kaart gebruik om 'n paar aankope te doen. Daar kan hersien en vergelyk met wat jy eintlik laai jy gemagtig sodat jy jou geld pennie kan kyk deur pennie.

verklaring Spaar

GESIN FINANSIËLE ONDERWYS

Hierdie toedrag soos sy naam suggereer is juis om jou spaargeld te sien maand na maand en groei, indien enige. Eintlik is dit is jou Sien geld het jy en idee van hoeveel meer jy nodig het om te belê in hierdie groot besigheid wat jy in gedagte het.

En jy weet wat 'n verklaring gesê die bank, is dit tyd vir jou om te weet dat die belangrikste van alles is die besparing wat jy vertel wat jy het en nie wat jy spandeer, moet dit eers voordat besteding.

Gesertifiseerde finansiële

- Gesertifiseerde finansiële of deposito's.

Is die geld wat jy sit in die hande van die banke in wat jy 'n deal met hulle maak, nie verwyder word nie op 'n spesifieke tyd en hulle in ruil sal jy 'n rentekoers op jou geld wat jy kan hulle so herbelê gee dat hulle

GESIN FINANSIËLE ONDERWYS

meer geld te genereer of jy kan dit gebruik vir jou maandelikse uitgawes soos 'n bron van ekstra inkomste.

Dit is een van die maniere van die verkryging van geld wat jy kan 'n finansiële instelling te maak.

Spaarrekeninge en huidige ook aanbod rentekoerse maar baie laer as wat kan 'n sertifikaat termyn bied, as die bank is vol vertroue dat hy het die kontant om jou geld te herbelê in ander instellings of uitleen aan ander kliënte .

aandelebeurs

- **Aandelebeurs**

Valuta mark is waar maatskappye verkoop en koop aandele in ander maatskappye.

GESIN FINANSIËLE ONDERWYS

Maatskappye wat geld nodig het om hul verpligtinge na te kom, te verkoop aandele. Maatskappye wat wil om te groei en die verhoging van hul kapitaal, koop aandele van ander maatskappye en dus gegee vryhandel koop en verkoop van aandele daagliks met die spoed van lig en wat dikwels diegene wat die besigheid ryk goedkoop koop weet gemaak en verkoop teen hoër pryse, maar nie altyd gaan weg gee.

Passiewe Inkomste

- **Passiewe Inkomste**

Passiewe inkomste is dié wat mense sien wanneer hulle 'n goeie selfstandig en onafhanklik te werk, byvoorbeeld. Koop 'n huis met geld

GESIN FINANSIËLE ONDERWYS

wat gespaar het, huur die huis en die geld is passiewe inkomste omdat jy nog win're slaap, vakansie, werk, of speel die domino.

Die rykes word ryk deur hul passiewe inkomste, hierdie rekeningnommers met geen inkomste van oral maar nie hul teenwoordigheid nodig om voort te gaan die vervaardiging van geld daagliks. A kontras van arm mense wat hul enigste inkomste is afhanklik as jy teenwoordig by die werk of nie kan wees. Hierdie inkomste hang uitsluitlik op of jy kan werk en is beperk tot net jy, maak nie saak hoe hard jy jou inkomste nie kan verhoog deur 400% deur die dieselfde fisiese inspanning. As jy 'n bate wat geld genereer op hul eie, maar jou ander hand om geld te maak, dan is jy op die regte spoor jouself miljoenêr, maar eers moet jy vertel ek nooit tevrede, altyd op soek na meer, maar dankbaar vir wat jy en wat ander vir jou doen.

Inkomste

- Inkomste

GESIN FINANSIËLE ONDERWYS

Hierdie inkomste soos sy naam suggereer verdien inkomste, of wat ook al wat jy betaal vir wat jy gedoen het in die maand, soos 'n werk. Hierdie inkomste nie meer jongleren ooit jou uit armoede, tensy jy nie 'n langtermyn-plan het en gebruik die inkomste om te belê in iets veel beter vir jou toekoms.

Inkomste nooit die werker oorskry, is net om hierdie inkomste te produseer kan nie vermeerder omdat dit net hang af van wat jy as 'n menslike talent.

Wanneer jy 'n motor, 'n huis, 'n besigheid, 'n masjien te koop en weer verkoop om 'n wins te verkry, is dit ook verdien inkomste. Is 'n tipe van inkomste in baie dien gevalle om jou kapitaal te laat groei as hulle voortgegaan met die praktyk van die koop en verkoop vir 'n wins te maak, maar diegene wat koop om te huur of te waardeer 'n goeie aan die einde van 'n sekere tydperk het dalk meer voordele gemaai sodat elkeen wat koop en verkoop in 'n relatief kort tyd.

Betaal die skuld

- En betaal skuld af en kry jy iets oorgebly.

GESIN FINANSIËLE ONDERWYS

Die grootste probleem wat ons adres in finansiële onderwys, is die oormatige skuld wat val sonder dat mense nie bereid is om geld te bestuur. Sedert die enigste mense in die skuld wanneer hulle begin om geld te maak, sonder om te weet geld is wat hulle val in die strik van die leen om te bestee en aan die ander kant ook die geld wat hulle verdien spandeer.

'N Persoon wat werk nie doen nie geld te genereer, nie in die skuld, want hy het niemand om hom te leen geld vir niks te doen nie. Sedert ons het besluit dat die eerste werk met die eerste salaris so baie dinge wat toe ons in die winkel ons besef dat dit wat ons opgedoen het is nie genoeg om alles wat ons beplan het koop sal koop. Vandaar die idee van leen omdat dit wat ons het aan die hand ons nie bereik ontstaan en dit maak hulle dink die mense wat wanneer hulle leen as hulle reik na die dinge wat hulle wil koop as die einde ook sal moet anders as dieselfde geld betaal rente wat hulle geleen.

Kom ons kyk 'n paar wenke paar skuld jy en jou gedagtes nie te hang nie net oorweeg om te koop elke keer as dit die einde van die maand bereik en kry wat salaris wat jy sal betaal vir die vergadering van 8:00-05:00 van middag.

Sit jou brein om inkomste te genereer vir jou om te verhoog, idees en besigheid, sodat jy finansieel kan groei en bereik jou drome.

GESIN FINANSIËLE ONDERWYS

Hoe om jou geld verstandig te belê

- **Hoe om jou geld verstandig te belê.**

Daar is 'n oneindige aantal maniere om geld verstandig te belê, die vraag is om te weet waar, wanneer en hoe. Dit is waarom die ryk en miljoenêrs weet waar om hul geld te sit en dit sal 'n goeie winsgewendheid te genereer en te kan slaap soos 'n kat op 'n bank. Want hulle het belê in kennis lank voor jy begin belê jou geld in finansiële instrumente.

Wanneer dit kom by beleggings meeste mense wat praat oor die onderwerp, hoe makliker sal dit wees om die aandelemark te onthou, dit is 'n maatstaf vir die aandelemark. Die realiteit is dat daar is baie vorme van beleggings wat nie mag hê om 'n maatskappy of 'n persoon met 'n klomp geld om goeie beleggings te maak.

Die beste ding om te doen wanneer jy die geld wat jy nodig het om te belê in iets het is op soek na vennote om jou ideale en deure van geleentheid aan te sluit sal veel groter oopgemaak word, aangesien die hoofstad gehou sluit 'n wyer en meer betroubare omgewing, die feit dat 'n paar gedagtes te dink vir hulself, sal dit meer haalbaar wees as hulle instem om 'n besigheid te skep, te belê in iemand se besigheid, koop 'n bestaande besigheid, belê in realty vlak Condominiums en winkelsentrums, ens Terwyl een persoon sal altyd dink kleiner as 'n groep van beleggers, die kanse op mislukking is minder en winste sal vermeerder.

GESIN FINANSIËLE ONDERWYS

As joune is iets klein om mee te begin, dit is goed dat jy fokus op die skep van iets van jou as 'n kleinsake-fietse of motorfietse dele, soos. As jy moeite om op te hou jy kan nooit vind in die manier beleggers wat wil hê dat jou besigheid te verhoog na 'n hoër vlak, of jy kan jou uitbreiding begin jouself neem bank krediete wat jy fascilitaran op die krag van jou besigheid. Dit is wat 'n groot besigheid het in die begin, om klein besighede te skep, wys dit vir banke en geld leen om voort te gaan om te groei tot convertise in 'n maatskappy met honderde en duisende mense.

Historiese krediet

- **Hoe om 'n goeie krediet geskiedenis met banke in stand te hou**

Ten einde toegang tot 'n gratis produk nommers van finansiële instellings (banke) wat kan baat wanneer dinge reg doen en begin groei, moet jy jou krediet telling van jongs af werk, vroeg is wanneer jy mondig om te kies vir 'n kredietkaart of 'n student lening. Die meeste mense wanneer ons sekere ouderdom, het ons nie dink wat uiteindelik kan ons beeld 'n goeie nodig voordat hulle dit kon wees van ons eerste beleggers in die eerste besigheid of die eerste huis wat ons almal begeer. Dit is belangrik dat jy fokus op die wete die stappe en prosesse wat dit neem om 'n goeie krediet geskiedenis te skep.

As jy van plan is iewers geld leen om te belê, is dit goed om te weet dat vir wat jy moet die vertroue van die bank verdien sodat hulle jou die lening wat beide nodig om jou lewensiklus begin in besigheid en entrepreneurskap kan goedkeur.

Van die ouderdom van 18 jaar, waar ons begin werk, kan ons begin asof hierdie jaar het ons begin om finansieel te groei.

Wat die meeste geskok n bank lening is dat jy vir een of ander rede en maak dikwels ignoreer ag slaan op die waarskuwings van die kontrak waar dit sê dat jy nie betaal sou op 'n swartlys wat vir iemand wat nie dink oor môre val Ek sê nie dat as jy opgehou om, want dit is geweier, maar miskien omdat die finansiële situasie ondermyn die krag sal betaal op tyd, maar dit beteken nie dat dit nie omdat jy nie meer toegang tot 'n bank lening. Vir 'n lang tyd sal geslote deure toegang tot hierdie lenings

GESIN FINANSIËLE ONDERWYS

en fasiliteite het, as gedurende daardie tydperk van tyd wat jy hom die geleentheid gebied van 'n uitstekende besigheid en as gevolg van jou krediet geskiedenis kan dit nie neem,

Pay en voldoen aan die ooreenkoms is en moet die roeping kaart van elke persoon wat wil groot in besigheid en in die uitoefening van geld en rykdom te wees.

Wenke vir verbandlening

- **In ag te neem wanneer die neem van 'n huislening**

Daar is baie dinge om te oorweeg wanneer die neem van 'n lening, so 'n gewigtige besluit kan nie gelaat word in die hande van ander, veel minder met die terme wat hulle wil.

Dit is belangrik dat voordat jy jou bind aan 'n finansiële instelling vir 15, 20 of 30 jaar, sien die volgende variante wat die verskil tussen vertroue vir die beste keuse gemaak het of gaan deur 'n moeilike tyd kan maak.

❖ vaste koers

Die rentekoers van jou lening sal bepaal of jy kan betaal die paaiemente van jou lening of as jy nie bereid is om in die skuld om te gaan na so 'n mate. Die eerste is die vraag of die koers wat hulle jou aanbied is die laagste in die mark of as dit nie die laagste, wat is een van die laagste en dat hierdie word vasgestel ten minste vir die eerste 5 of 10 jaar van jou lening, so wanneer jy kom om te verander en miskien kan jy toegang tot refinanciarte met ander banke en soek die beste manier om jou reduperen finansier en so nie gehang word.

Daar is baie verband feeste waar hulle vaste koerse vir die duur van die lening bepaal en sodat jy nie hoef te bekommer oor die feit dat die verandering van bank toe pryse styg.

Regerings ook aperturan geld uit die wetlike reserwe (ten minste hier in my land as, Dominikaanse Republiek), wat die publiek super primakoers vir mense minder koopkrag om toegang 'n verband aan te bied en by die huis kom of eie woonstel.

- ❖ Aantal jare

Vir mooier as wat jy aanbied, hoeveel jaar sal grootliks beskikbaarheid om voort te gaan koop ander eienskappe, dit wil sê, om meer jare wat gekoppel is aan 'n lening, hoe minder kans wat jy hoef te hou koop meer huise te bepaal. Sommige of die meeste banke sal jy gaan in die skuld vir 30 jaar, want meer jaar plus rente beheer en hoe groter die kans vir hulle om jou eiendom in geval van dood hou as jy is die enigste een wat in die kontrak verskyn. Dit is verstandig dat die meeste wat jy 'n huislening te neem is 20 jaar of 240 maande (kwotas), maar is ook baie, maar die meeste kan nie bekostig om die koste van jou huis minder tyd. As jy van plan is om te betaal byvoorbeeld 14 of 15 jaar sal jy 'n aantal redelik goed geld na 'n ander huis haak gered.

- ❖ Die krag en vertroue van die finansiële instelling

Hierdie punt is baie belangrik wanneer jy na versoek of teken 'n lening, want die wette dikwels meer van die groot beskerm as om die klein, dit is goed dat as daar iets gebeur wat bank het die solvensie en voldoende geloofwaardigheid aan meriete maak 'n lang kontrak met hulle.

❖ Die prosedure vir pepelos by die ondertekening.

Daar is 'n paar banke, verenigings of finansiële instelling in die algemeen om 'n lening te magtig om 'n gemeenskaplike persoon wat aansoek doen vir te veel vereistes wat dikwels mense kan nie toegang of kan geld spandeer in ander entiteite nie miskien nodig. Vir die meeste byna altyd voorop wees, bankstate, briewe van inkomste, voorraadkwotasies goed jy gaan na dieselfde plek, prys en krediet geskiedenis te koop.

Ek sit hierdie voorbeelde sodat as jy weet niks oor hierdie kwessie, begin jouself die idee dat as jy kwalifiseer vir 'n lening, moet jy in ag neem is dat jy die behuisingsprojek moet kies wat die beste by jou inkomste, wat anders jou lening sal herroep word.

Daar is ander om te neem wanneer jy gaan om aansoek te doen vir 'n lening rekening, maar basies dit is die belangrikste en wat jy kan kyk op enige bank in jou stad.

Ander kwessies wat verband hou met die aankoop van 'n eerste huis, is dat jy verifieer wat jy dit 'n gewettig liggaam in daardie terme van urbanistica contruccion is te koop en onderskryf deur 'n presidensiële

GESIN FINANSIËLE ONDERWYS

dekreet dat hulle gemagtig is om te bou op daardie grond en verkoop huise en woonstelle aan gewone mense.

Finansiële State

- **Wat is die finansiële state.**

Vir jou om die taal van besigheid, belegging te leer en 'n ryk miljoenêr persoon, moet jy eers brand die oortjies leer 'n paar konsepte en ... .importantes om te weet wat om te doen wanneer jy jou geld te belê.

finansiële state

Daar is verskeie tipes van finansiële state, eerste sal ons julle leer wat 'n finansiële staat,

Hierdie stelling is 'n verklaring wat winste of verliese wat 'n maatskappy in 'n gegewe tydperk gehad het, kon dit 'n maand, kwartaal, semester of jaar wees, as die behoefte om die situasie by die ken bestuur in die maatskappy. Hierdie toedrag maak 'n lys van die items van inkomste, koste en uitgawes. Byvoorbeeld, maatskappy X goedere verkoop in die bedrag van 200,000.00, het verkope ten bedrae van 60.000,00 en administratiewe koste en verkope van 65,000.00. Inkomste (-) Koste (-) Uitgawes (=) Totaal wins van die tydperk (=) 75,000.00. Dit is wat deur middel van hierdie verslag kan ons die bedrag van goedere verkoop te bepaal, as die koste van sodanige goedere en hoeveel is bestee vervaardiging van die goedere.

Staat van finansiële posisie, hierdie toestand het die items, bates, laste en kapitaal, waar die bate is wat die maatskappy moet loop, laste is verpligtinge betalings wat die maatskappy aangegaan wanneer die proses

GESIN FINANSIËLE ONDERWYS

produksie, en kapitaal is wat die aandeelhouers van die maatskappy begin om hierdie maatskappy, wat jaarliks verhoog of verlaag na gelang van of die maatskappy het winste of verliese te vorm. As jy wil om te belê in 'n maatskappy xy weet nie diepte, die eerste ding om te oorweeg is die finansiële state vir die afgelope 3 jaar om te besef as verkope op die styging of op die teendeel gewees is af. As jy in jou hart weet iets is verkeerd, so as jy 'n bietjie geld te belê, in plaas van groei dit kan hul finansiële kapitaal te ondermyn.

Daar is ook ander finansiële state, soos die kontantvloeistaat, maar hierdie is basies meer vir interne besluitneming van die maatskappy, hoewel sommige beleggers dalk belangstel in sien om navraag te doen oor hoe dinge invloei en uitvloei van kontant uit die maatskappy en hul volumes.

Koste

GESIN FINANSIËLE ONDERWYS

- **Wat is die koste.**

Uitgawes is net diegene uitgawes wat doen 'n produk of diens óf koop by die huis, op die straat of by die maatskappy waar ons werk.

Almal sonder uitsondering het uitgawes, ons het inkomste of nie. 'N Persoon maak nie saak hoe klein, jonk of oud dit het 'n kwota van uitgawes wat gedek moet word deur iemand of 'n paar entiteit.

Hierdie verhouding sien ons hierbo behoort aan 'n familie, waar die mees noodsaaklike uitgawes sou behuising, kos, motor betalings, kollege, nuts soos elektrisiteit, water, vullis, internet, telefoon, ens Die punt is dat uitgawes is deel van ons bestaan vanaf geboorte totdat ons sterwe, dan kan ons hulle nie ter syde te gooi en net konsentreer op inkomste. Vir meer inkomste genereer as jy nie beheer oor jou uitgawes te neem sou jy maak werk en jy werk as die einde wat jy het niks meer oor om te spaar en te belê.

Om finansiële geletterdheid moet elke item van die persoonlike rekeningkundige van elke persoon sien leer, dit is bates, laste, ekwiteit, inkomste, koste en uitgawes is up. In elk weet ons dat ons, ons gaan, ons spandeer, ons moet en behoefte en watter nie.

Inkomste

GESIN FINANSIËLE ONDERWYS

- **Dit is inkomste.**

Inkomste is invloei van geld wat ons het vir ons werk, konsultasie, tegniese dienste, verkope, verhurings, ens

Inkomste geleer ons daaglikse uitgawes en hierdie moet hoër as ons uitgawes of kontantuitvloeie wees, anders sou ons in die rooi wees en dit sou ons lei in die skuld aan bewind te oorleef en dit is nie die idee wat wil finansieel vry te word.

Aktiewe

GESIN FINANSIËLE ONDERWYS

- **Wat hulle aktiewe**

    Rekeningkunde:

    Definisie van bates: Die bates is die bates, regte en ander hulpbronne beskikbaar om 'n maatskappy kan wees, byvoorbeeld, meubels, geboue, toerusting of debiteure vir dienste gelewer of die verkoop van goedere aan kliënte. Ook, dit sluit in dié van verwagte ekonomiese voordeel in die toekoms.

    skrywer

    Vir 'n finansiële kundige soos Robert Kiyosaki
    Bate is iets wat sit geld in jou sak.

    banksektor

    Dit verwys na die stel van elemente wat op die balansstaat van die banke of finansiële instellings in die algemeen bly, en hierdie ondersteuners alle transaksies.

    Deur my definisie, Active is al wat jy besit wat nie skuld is.

    Koop eerste huis.

- **Wenke vir die koop van jou eerste huis.**

Alhoewel sommige koop 'n huis voel baie moeilik, begin in die bedrag wat jy moet hê, maar jy moet betaal maand na maand wat byna altyd duurder as die betaling vir die huur waar jy woon is nie. Nou as jy in ag neem dat al die tyd wat jy huishuur betaal het, som al die betalings wat jy besef jy is mors jou tyd. Want as jy spandeer 10 of 15 jaar betaal huur, nou kan jy laat jou laaste huurkontrak en doen iets in die hand, deposito's, maar twee maande miskien nie neem. In dié 15 jaar wat jy kan betaal jou eie verdieping woonstel en nou as jy hier aangekom het om te beweeg jy sou vir 'n beter vloer maar met die verskil dat jy links joune wat ekstra geld sal genereer om dekking deel van jou maandelikse uitgawes .

Nou laat ons sien die voordele wat jy hoef te koop van 'n huis.

- ✓ Jou huis is 'n belegging.
- ✓ Dit sal waardeer word of neem meer waarde elke jaar (ten minste in my land as.)
- ✓ Jy leef in 'n dak waar niemand jou uit kan kry as jy betalings te ontmoet.
- ✓ Jy kan al die opgraderings en herstelwerk te doen na jou hart.

- ✓ Dit genereer stabiliteit sonder om uit te beweeg die hele tyd.
- ✓ Jy kan inkomste daarmee te genereer as jy wil om te huur.

Nie alles is rooskleurig, die koop van 'n huis het sy nadele ook. Kom ons kyk wat hierdie sou wees:

- ✓ By die meeste uit jou spaargeld na die aanvanklike van jou huis te betaal, bly jy in wit.
- ✓ Jy sal ekstra uitgawes op papierwerk en regskwessies het.
- ✓ Moet onderhoud, omgewing raad ens, dinge wat miskien het jy nie voor betaal het.
- ✓ Jy moet jou eie herstelwerk te doen wanneer iets versleg.
- ✓ Jy kan hê om jaarlikse belasting te betaal vir jou huis.
- ✓ Ekonomiese en arbeid onstabiliteit in jou land dalk 'n slegte beweeg.
- ✓ Jy sal gekoppel word aan die bank vir 15, 20 of 30 jaar.

Van die finansiële oogpunt is dit beter om die huis met hul uitgawes uitgawes wees sonder 'n huis.

GESIN FINANSIËLE ONDERWYS

Lenings

- **Tot watter mate is dit raadsaam om te leen.**

Almal produktiewe in hul soeke na klim na oorvloed en rykdom te hou, is geregtig om slegs leen wanneer hierdie skuld is om voort te gaan groei, nooit vir luukshede en uitgawes nog nie verdien nie.

Want as jy dit doen, wat is die meeste geneig wanneer die persoon nie iets oor geld weet, is dat as jy in die skuld vir dinge wat nie beleggings is dat jy geld sal verlaat, moet jy 'n skuld wat kan kry uit dit uit maksimum een of twee jaar, as vir jou persoonlike groei en finansiële, slegte skuld jy stywe manier om jou drome. Hoewel dit is makliker gesê as gedaan, ek weet dat by verskeie geleenthede val ons in krisisse wat ons moet toevlug neem tot lenings te oorleef krag, dit is nie van die bose. Kwaad is om dit te neem as 'n gewoonte elke keer as jy voel jy wil gaan op vakansie, klerewinkel en skoene, verander die motor, selfoon of koop 'n groter en meer moderne TV, oord te leen vir dié onnodige begeertes. Vir net nooit uit die rat race ...

Die wyse ding is dat vir elke lening wat jy het of doen, exita 'n aanwins vir die skuld wat jy besit terug, asook om die einde van elke periode Wanneer jy bates en skulde voeg jy, sal die uitslag positief wees vir jou.

Soos getoon in die prentjie, skuld socaban en roes aan die diepte van ons wese, wanneer hulle gewoonlik slegte skuld, dws skuld geneem met basisse op emosie en nie op grond van ons bewussyn. In baie gevalle kan die persoon nie sy verpligtinge na te kom en is 'n maklike, swak en lafhartige oplossing, wat hulself doodmaak ter wille van die geld wat jy skuld. Ek het altyd gedink dit deur die gedagtes van die mense wat hul lewens as gevolg van hul skuld die oorweldig einde sou slaag. klein gedagtes is CAVIDA net probleme gee jou en het nie tyd om te kyk vir moontlike oplossings het, is daar altyd is.

Wanneer jy leen, moet jy seker wees waar dit geld sal neem om die skuld te betaal, dit is dinge wat nie ligtelik gemaak en is besluite wat goed met ons innerlike self of indien nodig ons vennote moet ooreenkom .

GESIN FINANSIËLE ONDERWYS

Kredietkaarte:

- **Kredietkaarte:**

Paar hoofpyne bring hierdie klein plastiek, pragtige en kleurvolle, maar gevaarlike en skadelike as ons nie weet hoe om dit te hanteer. Die meeste mense op 'n sekere punt het met 'n kredietkaart, want die bemarking wat banke gebruik om een te hê is so doeltreffend dat selfs nie wil eindig verslaaf aan 'n kaart wat dikwels het 'n beperking dat enige maandelikse inkomste oorskry jy het.

Vir slim mense, Ek is nie te sê nie, want jy deur 'n kredietkaart in 'n Brolloweg het gedaal, baie mense met geld, 'n kredietkaart het hulle krediet, wat gebeur met iemand beskadig, selfs ek was nogal saam met 'n paar van daardie plastiek min kaarte wat strokie in enige kruidenierswinkel, restaurant, drankwinkel, klubs, hotelle en gas stasies, ongeag van hoeveel jy spandeer wanneer is die sny van die maand wanneer jy betaal en of daardie datum sal die geld gespaar het. Om dit te gebruik om te meet, moet jy leer om al die belangrike datums te beheer. A. Hofdatum. Twee. sperdatum betaling. Drie. Datum van jou betaalstaat (kan nie ver van mekaar wees), want as jy jou 20ste maand hef en jou kaart betaal op dag 2,

GESIN FINANSIËLE ONDERWYS

Dit is raadsaam om meer as twee kredietkaarte, een vir koste van voedsel en brandstof en een vir maandelikse paaiemente van alle openbare dienste, soos kabel, internet, telefoon, elektrisiteit, water, onderhoud, ens het, en aan die einde van maand kan nie sê jy die kaarte oorskry nie, want dit is die betalings van die maand, en as jy nie kan betaal nie vaste maandelikse uitgawes dan is dit tyd om te kyk vir ander werk, doen jy 'n paar ekstra Chambas terwyl jy gratis of verslap jou kwaliteit van lewe met ... koop minder kos, kanselleer sommige van jou dienste wat jy troos gee, ens As jy kredietkaarte te bestuur soos ek gesê het, die betaling verskuldig en nie presies wanneer jy oor gaan die limiet wat jy kan bekostig, sal jy nie 'n probleem met hulle het.

GESIN FINANSIËLE ONDERWYS

Wanneer jy begin spaar?

- **Wanneer jy begin spaar?**

Die ideale ouderdom om te begin spaar, hoe vroeër, hoe beter, hoe vroeër jy begin opbou geld gouer kon aftree om te leef op wat jy gesaai het. Geld het geen ouderdomsgroep word geadministreer en as ons begin by kinders 30 jaar is 'n redelik vroeë ouderdom gereed om te begin wat ryk kan wees. Wat is die belangrikste stap in verband met spaar, het hulle vir my sê jy net gered vir noodgevalle, siekte, aftrede en kos. Plan A spaargeld is om ryk en 'n miljoenêr wees, maar jy begin met 'n paar planne in jou gedagtes vir daardie geld wat jy spaar of belê elke dag, die enigste ding wat eindig jy wil hê, is om ryk te word en nie nodig het om jou verstand te bekommer oor die welsyn van môre.

Volwassenes moet ons kinders leer die waarde van geld op 'n vroeë ouderdom om te weet dat hy swak is nie 'n opsie. Ons moet gemoedere van miljoenêrs en vooruit dink te skep sodat jy nie hoef te hul tyd te verkoop in 'n aantrekhokkie 8-5.

Stel jou voor dat jou seun daarin slaag om 100 dollar per week te red van sy tafel en peusel kollege jou daaglikse gee, wat geld in 'n beleggingsrekening belê teen 'n opbrengskoers van 4% per jaar, en dié besparings / beleggings konstant gedurende die eerste 20 werk jare lank studeer mense van primêre, sekondêre en universiteit. Op die ouderdom van 25 of 27 jaar en die belegging van geld sal jou kind 'n gemiddeld van twee honderd duisend dollar wees, en vir ouderdom 27, het 'n besparing twee honderd duisend dollar is nie sleg nie en die wete 'n sommige finansiële opvoeding en besigheid. Ten minste 35 jaar kan aftree en leef gemaklik en passiewe inkomste wat hul belegging bates te genereer.

Ek sou sê dat as ons kon begin spaar vir twee jaar om gebore te word sal 'n uitstekende idee wees, maar as aktiewe besigheid lewe en die geld begin nadat kompliment vir die meerderheid het, in die geval van normale mense en gemiddeldes. Warren Buffett het gesê sy elf (11) jaar het sy eerste belegging, wat beteken het om te dink dit red van sy 8 of nege, wat ons weet nie, is dat jou geval is 'n uitsondering, want baie, insluitend myself, op daardie ouderdom net gedink speelgoed motors, eet en praat met die vriende. Ontsaglike gedagte van mnr Buffet, gelys as een van die beste beleggers in die wêreld, met die beste uitbetaling persentasie ten opsigte van hul beleggings.

GESIN FINANSIËLE ONDERWYS

Skuld goeie en slegte skuld

- **Skuld goeie en slegte skuld, wat is die verskil?**

Die passiewe skuld wanneer versoening rekeninge, verkoop of jou bates oordra aan ander wat jy hoef te trek wat jy het, soos fisiese bates soos geboue, huise, motors, kontant, geld uit banke, sertifikate, ens Kapitaal verminder jou skuld as blyk uit die oogpunt van gewone mense. Maar diegene wat die taal van geld en rykdom weet in die skuld om te groei is die beste besluit wat jy kan kry om te neem.

Skuld goeie, soos geïllustreer in die beeld hierbo op hierdie bladsy, 'n goeie skuld is dié wat die individu die gesamentlik verwerf 'n goed en sodat dit goed te genereer geld daagliks op dieselfde skuld wat jy met die bank te betaal. Byvoorbeeld, by die aankoop van 'n woonstel, 'n huis, 'n motor om dit te huur en dat dit sal geld óf produseer daagliks, weekliks of maandeliks. Dat die motor word 'n klein besigheid vir jou waar jy is die eienaar en wat lei, kan jou werknemer ook die geval met jouself wees wat ry, so winste selfs groter as wanneer jy met iemand sal wees wat doen die werk. 'N woonstel te huur in 'n gebied wat reeds weet baie te eis,

Hierdie slegte skuld is dié wat ons het om te beïndruk iemand of almal wat ons ken, soos in die geval van koop 'n groot luukse en duur motor bloot omdat hulle wil gesien kom in dit en dink of sê jy is 'n man (of vrou) baie ryk. Wat skuld jy aan die aankoop van die motor verkry, maak jy armer elke dag, in teenstelling met die koop van 'n klein motor te huur. Jy sit geld in jou sak en banke en die ander neem geld uit jou bank en jou sakke, want 'n motor het 'n bekende handelsmerk besteding bo die gemiddelde middelklas werknemer. As jy ryk is, het jy geen ryk aan hierdie boek lees. Dit is vir mense wat wil om te slaag en dikwels deur geloof en kulture wat ons geopper is moeilik vir ons almal. Moeilik red ons, belê in ons kennis, aan te skaf eiendom se waarde te waardeer in die toekoms, nie verswak as in die geval van al die dinge wat jy arm, sulke mense soos klere, skoene, luukshede vir die huis, slim-TV's, klank koop sprekers om hul musiek te hoor die bure van die laaste blok van die buurt. Nie een van daardie het waarde met verloop van tyd. As dit gebeur om te verkoop enige van die voorwerpe het, ek kan jou verseker hulle gee nie, selfs 'n derde van wat hulle betaal vir hulle, maak nie saak hoe lank jy gekoop het. Die ryk dink nie dat die pad, altyd sorg vir jou geld en as jy eers koop iets ondersoek sy herverkoopwaarde. soos klere, skoene, huishoudelike luukshede, slim-TV's, luidsprekers om jou musiek die bure hoor die laaste blok van die buurt. Nie een van daardie het waarde met verloop van tyd. As dit gebeur om te verkoop enige van die voorwerpe het, ek kan jou verseker hulle gee nie, selfs 'n derde van wat hulle betaal vir hulle, maak nie saak hoe lank jy gekoop het. Die ryk dink

GESIN FINANSIËLE ONDERWYS

nie dat die pad, altyd sorg vir jou geld en as jy eers koop iets ondersoek sy herverkoopwaarde. soos klere, skoene, huishoudelike luukshede, slim-TV's, luidsprekers om jou musiek die bure hoor die laaste blok van die buurt. Nie een van daardie het waarde met verloop van tyd. As dit gebeur om te verkoop enige van die voorwerpe het, ek kan jou verseker hulle gee nie, selfs 'n derde van wat hulle betaal vir hulle, maak nie saak hoe lank jy gekoop het. Die ryk dink nie dat die pad, altyd sorg vir jou geld en as jy eers koop iets ondersoek sy herverkoopwaarde. Ek kan jou verseker hulle gee nie, selfs 'n derde van wat hulle betaal vir hulle, maak nie saak hoe lank jy gekoop het. Die ryk dink nie dat die pad, altyd sorg vir jou geld en as jy eers koop iets ondersoek sy herverkoopwaarde. Ek kan jou verseker hulle gee nie, selfs 'n derde van wat hulle betaal vir hulle, maak nie saak hoe lank jy gekoop het. Die ryk dink nie dat die pad, altyd sorg vir jou geld en as jy eers koop iets ondersoek sy herverkoopwaarde.

Die enigste ding wat ons nie koop om te verkoop, is die boeke. Aangesien elke boek 'n sentimentele waarde sal sit vir die afdruk wat hierdie ons verlaat het toe gebeeldhouwde lyne, per bladsy.

Die verskil in slegte skuld en 'n goeie raaiskoot en jy die weet, as jy dit nie doen nie ... daar wil. 'N slegte skuld verarm jy terwyl jy goeie opskrif skuld teenoor rykdom. Sodat jy dit of ligter wil.

GESIN FINANSIËLE ONDERWYS

Wat beteken saak is dat jy weet dat wanneer 'n lening aan die bank wat jy die dinge wat ek jou in hierdie boek vertel oorweeg en dat indien dit nie om te belê en jy geld of 'n familie nood groei, nooit in die skuld jy vir die eenvoudige feit van iets wat orde en Korporaal soms nie nodig wil.

Banke is ryk wanneer mense geld leen, daar is dit is sy grootste wins, doen dieselfde, endéudate te ryk jy kry. Dat geld self is nie julle saak nie, jy kan jou help om voor as jy weet hoe om dit te gebruik en dit stoot jou na vlak up 'n hefboom om jou te ondersteun en sake te doen sonder die gebruik van jou eie geld. Dit is wat kenners noem goeie besigheid.

Alle regte voorbehou

Santo Domingo, Dominikaanse Republiek

netwerke:

@ Consejosdecrecimiento / Instagram

Motivatumente1.blogspot.com/Blog

Persoonlike Wenke Groei en Finansiële / Facebook

Jose Armando Herrera

www.ingramcontent.com/pod-product-compliance
Lightning Source LLC
Chambersburg PA
CBHW020621220526
45463CB00006B/2645